全国老年大学规划教材

老年人叶问咏春拳教程

周光远 编著

人民邮电出版社

北 京

图书在版编目（CIP）数据

老年人叶问咏春拳教程 / 周光远编著. -- 北京 ：
人民邮电出版社，2023.8
ISBN 978-7-115-61763-7

Ⅰ．①老… Ⅱ．①周… Ⅲ．①老年人－南拳－教材
Ⅳ．①G852.13

中国国家版本馆CIP数据核字(2023)第088761号

内 容 提 要

本书是专门为老年人设计的叶问咏春拳入门学习指导书，由叶问宗师第三代传人、武术名家周光远指导及示范。本书首先介绍了咏春拳的历史发展和招法原理，接着采用真人展示、分步图解的形式，对咏春拳的基础身法、基础散式及咏春拳的基础套路"小念头"的练习方法和要点进行了细致讲解。此外，本书配有咏春拳的基础套路"小念头"的演示视频，可以帮助老年人快速领会咏春拳的技法要领，提升锻炼效果。

◆ 编　　著　周光远
　　责任编辑　林振英
　　责任印制　彭志环
◆ 人民邮电出版社出版发行　　　北京市丰台区成寿寺路 11 号
　　邮编　100164　电子邮件　315@ptpress.com.cn
　　网址　https://www.ptpress.com.cn
　　北京捷迅佳彩印刷有限公司印刷
◆ 开本：787×1092　1/16
　　印张：6.75　　　　　　　　2023 年 8 月第 1 版
　　字数：107 千字　　　　　　2023 年 8 月北京第 1 次印刷

定价：38.00 元

读者服务热线：(010)81055296　印装质量热线：(010)81055316
反盗版热线：(010)81055315
广告经营许可证：京东市监广登字 20170147 号

序

近年来，随着老年人口数量的不断增大，我国陆续发布了《"健康中国2030"规划纲要》《关于促进养老托育服务健康发展的意见》《全民健身计划（2021-2025年）》《"十四五"国家老龄事业发展和养老服务体系规划》《"十四五"健康老龄化规划》等政策文件，以引导和促进实现积极老龄观和健康老龄化。这些政策文件中指出了可通过指导老年人科学开展各类体育健身项目，将运动干预纳入老年人慢性病防控与康复方案，提供文化体育活动场所，组织开展文化体育活动等措施支持老年人参与体育健身，丰富老年人的精神文化生活，全面提升老年人的身心健康水平与生活品质。

与此同时，作为我国老年人教育事业的重要组成部分，老年体育教育承担着满足老年人的体育学习需求，丰富老年教育的内容和形式，以及不断探索老年教育模式的责任，可长远服务于积极应对人口老龄化、实现教育现代化和建设学习型社会。

在上述背景下，人民邮电出版社有限公司作为建社70周年的综合性出版大社，同时作为全国优秀出版社、全国文明单位，围绕"立足信息产业，面向现代社会，传播科学知识，服务科教兴国，为走中国特色新型工业化道路服务"的出版宗旨，基于在信息技术、摄影、艺术、运动与休闲等领域的领先出版资源、经验与地位，策划出版了"老年人体育活动指导系列图书"（以下简称本系列图书）。本系列图书是以指导老年人安全、有效地开展不同形式体育活动为目标的老年体育教育用书，并且由不同体育领域的资深专家、学者和教育工作者担任作者和编委会成员，确保了内容的专业性与科学性。与此同时，本系列图书内容覆盖广泛，其中包括群众基础广泛、适合个人习练或进行团体表演的传统武术与健身气功领域，具有悠久传承历史、能够极大丰富老年生活的棋牌益智领域，包含门球、乒乓球等项目在内的运动专项领域，旨在针对性改善慢性疼痛、慢病预防与控制、意外跌倒等老年人突出健康问题的运动功能改善训练领域，以及涵盖运动安全、运动营养等方面的运动健康科普领域。

　　本系列图书在内容设置和呈现形式上充分考虑了老年人的阅读和学习习惯，一方面严格按照循序渐进的原则进行内容讲解，另一方面通过大图大字的方式分步展示技术动作，同时附赠了扫码即可免费观看的在线演示视频，以帮助老年人降低学习难度、提高训练效果，以及为相关课程的开展提供更丰富的教学素材。此外，为了更好地适应和满足老年人日益丰富的文化需求，本系列图书将不断进行内容和形式上的扩充、调整和修订，并努力为广大老年读者提供更丰富、更多元的学习资源和服务。

　　最后，希望本系列图书能够为促进老年体育教育发展及健康老龄化进程贡献微薄之力。

在线视频访问说明

本书提供了咏春拳的基础套路"小念头"的在线视频，您可通过微信"扫一扫"，扫描下方的二维码进行观看。

步骤 1

点击微信聊天界面右上角的"+"，弹出功能菜单（图1）。

步骤 2

点击弹出的功能菜单上的"扫一扫"，进入该功能界面，扫描右上方的二维码，扫描后可直接观看视频（图2）。

图1

图2

目录

第四章　咏春拳套路之小念头

第一章

咏春拳的基础知识

据叶问在《咏春拳源流》中讲述：梁博俦先生在云贵边界娶妻严咏春，得咏春拳。后传拳与族侄梁兰桂。兰桂后传拳与红船黄华宝。自黄华宝开始有文字记载可考证。

起源

先祖严咏春氏，原籍为广东，少而聪颖，行动矫捷，磊落有丈夫气，许字福建盐商梁博俦。未几母殁。父严二事被诬，几陷于狱，因是远徙川滇边区，居于大凉山下，以卖豆腐为活，此清代康熙年间事也。其时河南省嵩山少林派，武风甚盛，招清廷忌，派兵围捕，攻而不下。适有新科状元陈文维者，邀宠献议，设法勾通寺僧马宁儿等，四处纵火，里应外合，少林寺被毁，僧徒四散。由是五枚法师与至善禅师、白眉禅师、冯道德、苗显等五人亦分途出走。而五枚止于大凉山（又名栖霞山）白鹤观。每日下如市，因与严二父女贸易，渐且作稔熟。

时先师年已及笄。有当地土霸涎其姿色，恃势迫婚。父女二人日有忧色。为五枚法师洞悉其由。因怜其遇，许以传技保身，使该土霸俟能除，梁氏婚约后始赋于归。由是即随五枚返山日悉勤修苦练。技成，乃约土霸比武，卒将土霸击倒。自此五枚云游四方，频行殷殷诚以严守宗风，等婚后发扬武术，同佐反清复明大业。综合过去事迹，知咏春派拳术，实宗于五枚法师也。

先祖师既婚，首传技于夫婿梁博俦，其后梁博俦传梁兰桂，梁兰桂传黄华宝。黄华宝为红船中人，与梁二娣为伍。恰至善禅师混迹红船中为"煲头"，将绝技六点半棍传与梁二娣。而华宝与二娣以共事红船之故，因得日夕观摩，互相传习，补短截长，混成一体。从而咏春拳之有六点半棍者，盖有由也。遂至梁二娣传技于佛山名医梁赞先生，梁赞深得其奥，达于化境。远近武士慕名来请与较者辄为败，由是声名鹊起。后来梁赞传于陈华顺。而问与师兄吴小鲁、吴促素、陈汝棉、雷汝济等师事陈华顺迄今已数十年。是则吾侪之于咏春派拳术一脉相承。其来有自数典不忘乃祖，饮水应念其源，自宜有以纪念先祖孕育之恩。抑亦所以维系我同门侪辈也，缓拟发起组织咏春堂联谊会焉。嘤其鸣矣，求其友声，想同门师友定有同情也。我武唯扬，胥焉有赖此耶。

佛山咏春拳的传承

叶问在佛山收徒七人，本派咏春拳传承叶问佛山系咏春拳，周光远师承叶问宗师嫡系弟子伦佳之徒梁家铭，是问公第三代传人。

严咏春　咏春拳祖师

梁博俦　严咏春之夫

梁兰桂　梁博俦族侄

黄华宝、梁二娣

梁赞

梁赞次子　**梁璧、陈华顺**

叶问　一代宗师，咏春盛于此

其他传人

伦佳

梁家铭

周光远

招法原理

中线原理

中线理论是咏春拳的核心理论。

中线又称人体子午线，是面对面交手时双方之间最短的距离，所以保持中线去攻击也是最短的攻击路径。从中线攻击时，两臂在中线上指向对手，外来的力量就会卸向左右两边。所以保护好中线，既有效地保护了自身的身体部位，也占据了保护自己和攻击对手的优势地位，这便是夺中线与守中线的含义。要注意的是，中线是随着双方移动而移动的，因此中线是动态的而不是静态的。

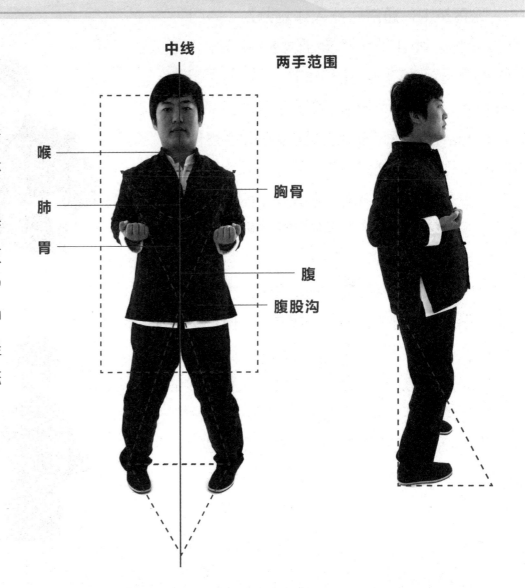

中线　　　　两手范围

喉

肺

胃

胸骨

腹

腹股沟

内外门原理

咏春拳中，通常可把人体划分为"内门"与"外门"。其中"外门"处于两手臂之外，"内门"处于两手臂之间。在实战中，无论对手如何改变招式，都只是置于自己双手的"内门"或"外门"而已。当然我们应设法使对手的双手置于我们的"外门"，也就是设法使对手的双手离我们的中线要害远一些，或者说使其攻击偏离我们的身体。这就要求我们的双手应始终占据"内门"这一关键部位。

如果我们的双手能够始终守住"内门"，除了可借此保护身体上的大多数要害部位，还可使自己更快捷地发起攻击。这是因为攻击基本上是从中线直接发出的，可节省时间与距离。格斗讲求的是瞬间的、闪电般的快速反应，因此哪怕是仅仅快出几分之一秒的时间，都可能会抢先击中对手并一击制胜。

● 内门

● 外门

四门原理

在身体中画出四边形区域并分上内、上外、下内、下外四块小区域。

● 上内

　　主要用来应对对手攻向自己的头部左侧的打击动作。无论对手用何种方式向此处攻击，都可用手迅速将之挡至外侧，或挡向右侧。

● 上外

　　主要用来应对攻向自己的头部右侧的打击动作。无论对手用何种方式向此处攻击，都可用手迅速将之挡至外侧。

● 下内

　　用腕部来进行快速格挡，应对对手攻向自己的左肋、左腰等左侧要害处的打击动作。

● 下外

　　主要用来应对对手攻向自己的身体右侧要害处的打击动作，例如用腕部格挡低位拳法或是中位踢法等。

连消带打原理

连消带打即防守的同时发动进攻。"消"就是化解对手的进攻。该原理强调以柔克刚、借力打力。

寸劲原理

寸劲：利用肘底发力，以做到最简便、最直接、最近距离地发力。除肘底发力之外，还可以动用手腕、肘部、肩膀、腰胯、膝部、脚踝等关节的力量，再利用脚下与地面的接触，做到力从地起，最大限度地发挥力量。在进退之间和发力的练习中深刻体会到踝与膝合，膝与胯合，胯与腰合，腰与肩合，肩与肘合，肘与手合。

咏春拳是一种技击性较强的南拳拳法，以身体结构、关节活动及流体力学为基础进行研究改进，在实战过程中有简单、实用的特点。简单指咏春拳的套路动作和攻防动作简单，实用指其在实战过程中的打击效果明显。咏春拳讲究同时使用双手，一手攻则另一手守，连消带打，形成多方位的近身搏斗的优势，同时成倍地增强打击效果和防守之势。

第二章

咏春拳的基础身法

基础身形

拳形

● 日字拳

日字拳也称"日字冲拳"，因拳头沿着中线摆正似"日"字而得名。日字冲拳的寸劲是以旋转力加上手肘力而形成的。

● 凤眼拳

凤眼拳是佛山一派咏春拳的保留拳型，有多种使用方法。

掌形

● 柳叶掌

四根手指并拢、内扣，拇指紧贴手掌，使用掌根发力，使力量通达指尖。

指形

● 标指

手臂如标枪一般，弹抖有力，且力可穿透。手臂完全伸直时，标指比拳的攻击距离远，有上、下、左、右、前、后六个攻击方向，主要用于咏春拳的后期训练。

步形

● 二字钳阳马

　　咏春拳特有的基本桩功。其姿势要领为：双脚分开，距离与肩同宽，双脚内八站立，双腿略微弯曲，双膝内钳，膝盖间隔为一拳。

● 独脚马

　　咏春拳的重要基本功之一，其姿势要领为：双脚分开，距离与肩同宽，双脚内八站立，一条腿略微弯曲，用于支撑，另一条腿抬起，大腿平行于地面。

基础手法

探手（问手）

探手，也称问手。探，顾名思义，就是试探。其姿势要领为：手肘略微弯曲，切勿过硬过直。实战中常用来试探对手桥手力量大小，以洞悉其攻击意图。探手要求手肘略弯，切忌太直。

护手

护，顾名思义，就是保护、防护的意思。护手是一种防御招数，实战中常用来保护自己的前胸要害。护手的位置为靠近探手一侧胸的中间。

摆桩

咏春拳特有的基本桩功，由二字钳阳马、问手、护手组成。在整个摆桩的过程中，一共构成了七个三角形。众所周知，三角形是最稳定的形状，因此，练习摆桩，重在保持功架标准，长期练习下来，不仅能实现左右稳定，而且还能实现前后移动。

摊手

咏春拳"三板斧"之一。摊手是咏春拳中使用频率最高的手法之一。其多与日字冲拳配合使用，称为摊手冲拳、摊打。

其动作要点为：掌心向上，保持手肘距中线一拳的距离，沿着中线向前、向上、向外旋转；沿着对手前臂表面旋转，可产生向前的力道，消去对手攻来的力道，从而压住来手、保护中线。摊手是一种以柔克刚、连消带打的手法。

回手

　　回手为"鹤形"：手平，收紧肘部，注意内、外门之分。其动作步骤为：双手握拳，开马站立；左臂立掌，置于视线前方；保持手臂不动，转动手腕，使掌心向内，同时手腕向外顶、前臂向内收，手掌与腕关节之间夹角为钝角。

耕手

　　一种通过手臂快速旋转发力来化解对手攻击的手法。其要点在于，以我方整体力量，应对对手的局部力量，使之难以克服。其动作步骤为：双手握拳，向身体左前方出右掌，且右掌掌心向上；以肘部为轴，右掌从身体中线向体侧切下，掌心向下，往斜下方划出半弧形。

拦手

拦手，优势在于可以随意变招为圈手、抓手等，快速实现攻防转换，常用来拦截对手上、中路攻击。其姿势要领为：指尖朝上，掌心向外，收缩肘部，将对手攻击往自身两侧拦开。注意收肘，防止对手使用擒拿招数。其动作步骤为：双手握拳；左手出掌，立于胸前；左手指尖朝上，掌心向外，将对手攻击拦向我方身体两侧。

膀手

咏春拳"三板斧"之一。膀手是运用手臂旋转、侧引发力，卸去对手力道，实施反击；另一只手可使用护手配合。膀手的姿势要领为：腰脊挺正，含胸拔背，精神集中，肘高手低，肘底部到指尖线条流畅。膀手是一种使用频率较高的咏春拳手法，重在巧妙卸力，不仅十分常见，而且在消解对手上、中路多种攻击时颇为实用。其动作步骤为：开马站立，双手握拳，置于腰侧；肘部发力，略微上翻呈拱形，以指尖带动前臂旋转，手腕略微下沉，手指放松，指向身体正前方，稍微越过身体中线；肩膀、手肘、手腕三关节一起，呈拱形翻转、前伸，向体侧牵引对手攻势。

防手

● 上防手

　　一种防御手法，用来防御对手上路攻击，如上拳等。其动作步骤为：开马站立；双手交叉叠放且夹角呈直角，前臂位于胸前；用手臂带动手掌，向身体的前上方打出。

● 下防手

　　与上防手一样，也是一种防御手法，主要用于防御对手下路攻击，如下拳、正蹬腿等。其动作步骤为：开马站立，两手握拳，放于腰部两侧；双手交叉叠放，夹角为直角，前臂位于腹部之前；手臂下伸，双掌自上而下打出。

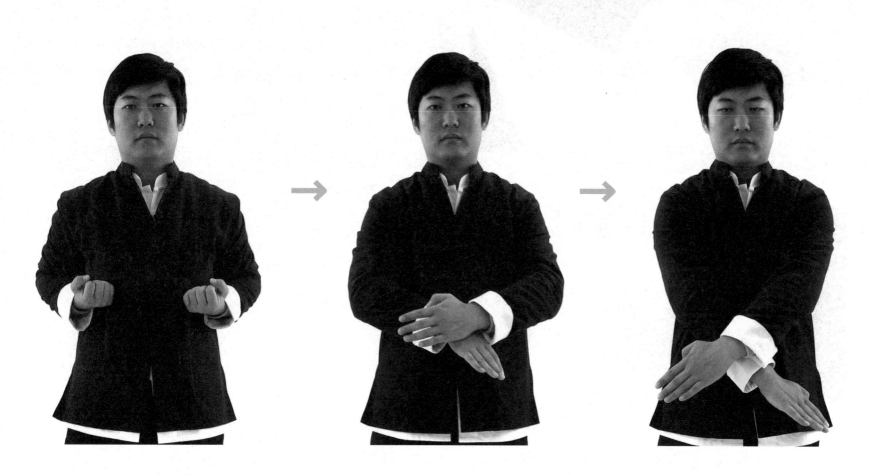

咏春拳的基础身法 ▼ 基础手法

● 单手抓手

抓手，即手呈爪状，重在以腰马发力，借力打力、以柔克刚。对手实施大力攻击时，可用单手抓手卸去对手攻击、改变其出力方向，同时配合护手反击。需要注意的是，抓手时必须收缩肘部，不可飞肘。

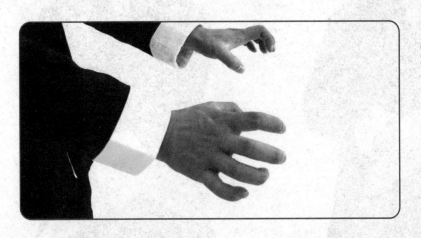

● 双手抓手

与单手抓手动作大致相同，力量更为强劲。

圈手

● 单手上方圈手

　　圈手是一种以柔克刚、连消带打的手法，以手腕为轴，手掌由外向内再向下做旋转动作。单手上方圈手，主要用来应对对手针对胸部以上部位的攻击。其动作步骤为：双手握拳，然后右手前伸，掌心向上；朝内旋转手腕，手肘略微抬起；朝内旋转手腕，掌心向外，手肘上抬，然后左手松拳、掌心向上；左臂向前推出，拇指向前，手掌前击。

● 单手下方圈手

　　与单手上方圈手动作大致相同。单手下方圈手主要用来应对对手针对胸部靠下部位的攻击。旋转时，应保持身体稳定、劲力不散，身体结构、手法切忌变形。其动作步骤为：双手握拳，放于腰部两侧；右手前置，掌心向上；手腕向内侧收，抬高手肘；向内旋转手腕，然后带动右臂及身体向右旋转。

● 双手圈手

　　左右两手同时圈手，但方向相反。肘部发力，旋转时以手腕为轴，可以提高手腕柔韧度及协调性。其动作步骤为：开马站立，双臂抬起，双掌掌心向内；双手手腕内扣；保持双掌掌根相对，旋转手腕，指尖指向两侧；双臂伸直，双掌前击。

伏手

● **常规伏手**

　　一种借力打力的手法，通过听劲化力，感知对手的攻击力道，进而变招反击。其动作步骤为：开马站立，双手握拳，放于腰部两侧；右手掌心向内，五指聚拢；手腕发力带动手臂，向前推进肘部。

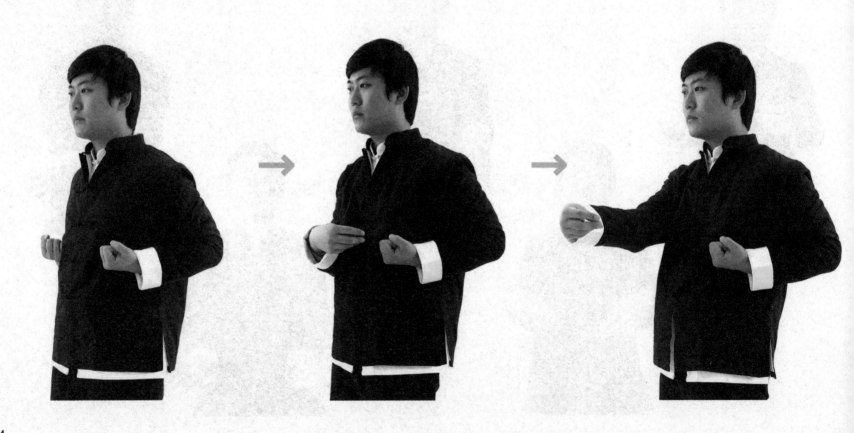

● 蛇形伏手

　　蛇形伏手，因手掌形似蛇头、手臂形似蛇身而得名，可变化为标指。注意时刻保持指尖指向对手一方。其动作步骤为：开马站立，双手握拳，放于腰部两侧；左手出拳，右手掌心向下，且平摊贴放于左臂下方；左拳使用伏手前击，既可上下移动，也可左右移动。

捋手

捋的意思，是用手顺抹。捋手手法重在借力，顺从力的方向，使其为己所用。其动作步骤为：开马站立，双手握拳，放于腰部两侧；双臂抬起，双手朝外，掌心向下，手形似八字；使用手掌小鱼际外侧，感受对手劲道，再借力使力，顺从对手劲力实施攻击。

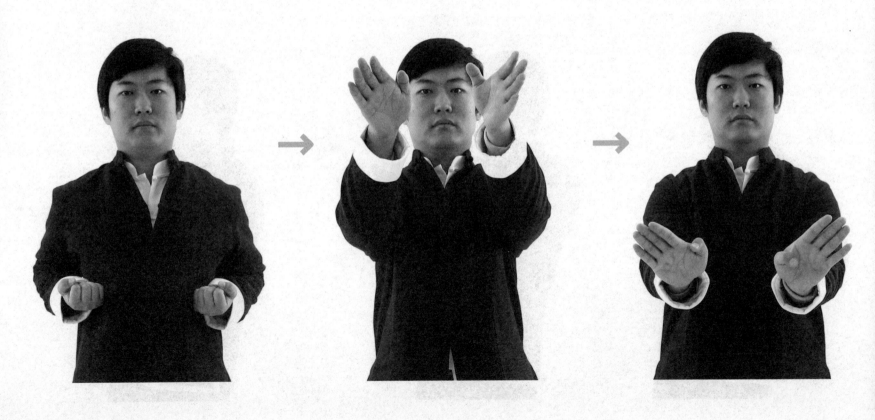

顶手

顶手，手背朝上，五指合拢，形似鹤，紧直内扣。其动作步骤为：二字钳阳马站立，双手握拳；双臂前伸，双手松拳变掌，掌心向下；手臂前伸，手指蓄力，肘部内收，手指聚拢内扣，指尖朝下。

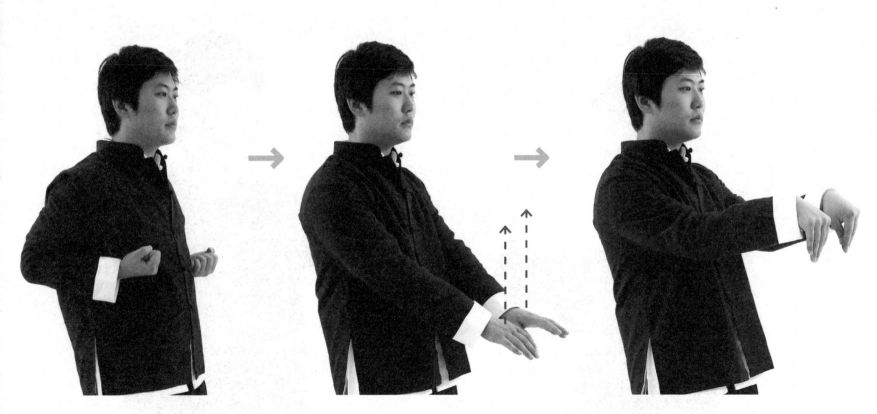

窒手

● 单手窒手

　　咏春拳有"长桥能发力，短桥能自保"的说法。窒手，又称枕手，属于短桥手法，常用于防守。窒手使用手腕发力，实战中常用来截住来手，手腕下沉转移对手重心，同时出拳反攻。

● 双手窒手

　　手形与单手窒手类似，两手同起同落，在被对手锁喉时能够更好地实施挣脱及反击。其动作步骤为：双臂抬起，双掌掌心相对，高于对手手肘；手肘微屈，合掌下落，用掌根击向对手肘窝，使其重心前倾，不能稳定身形。

基础掌法

正拍掌

　　正拍掌是咏春拳的基本功之一，掌形是柳叶掌，特点为用掌根攻击，可用来抢夺及防守中线。其动作步骤为：开马站立，双手握拳，置于腰部两侧；双拳变掌，掌心向上，右掌向中线收回，左掌向前伸出，并且右掌在上，左掌在下；左掌收回至中线，右掌从中线向外击出，掌心向外。

侧拍掌

● 上侧拍掌

掌心朝身侧、向上拍出，可由护手直接变招而来。其动作步骤为：开马站立，双手握拳，置于腰部两侧；右手松拳变掌，掌心向左；手指向上，手掌从胸前击出。

● **下侧拍掌**

与上侧拍掌类似，掌心朝身侧、向下拍出。其动作步骤为：开马站立，双手握拳，置于腰部两侧；左手松拳变掌，掌心向右；手指向上，手掌从胸前击出，掌心朝下，掌根向外发力。

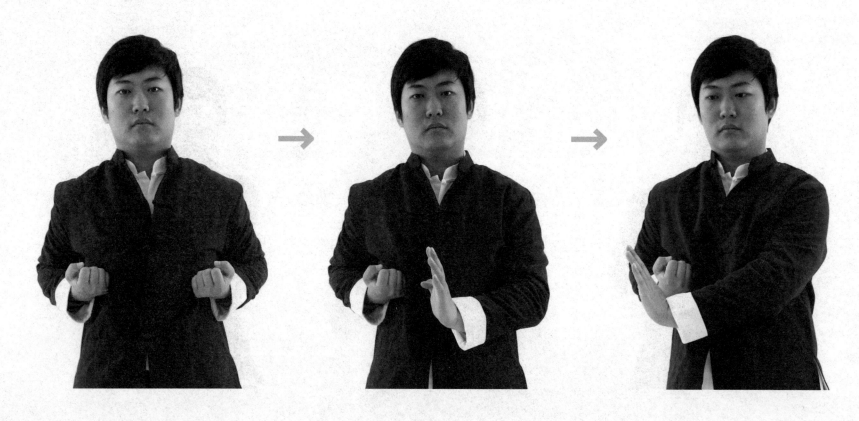

横掌

　　横掌，就是将手掌横放，左手手指朝左，右手手指朝右。其在实战中常用来攻击对手上身及身侧；若位置下移使用，便是击肋掌。其动作步骤为：开马站立，双手握拳，放于腰部两侧；左手松拳变掌，掌心向上，指尖向前；手掌从中线位置向前击出，保持手腕与肩膀同高，左手指尖向左。

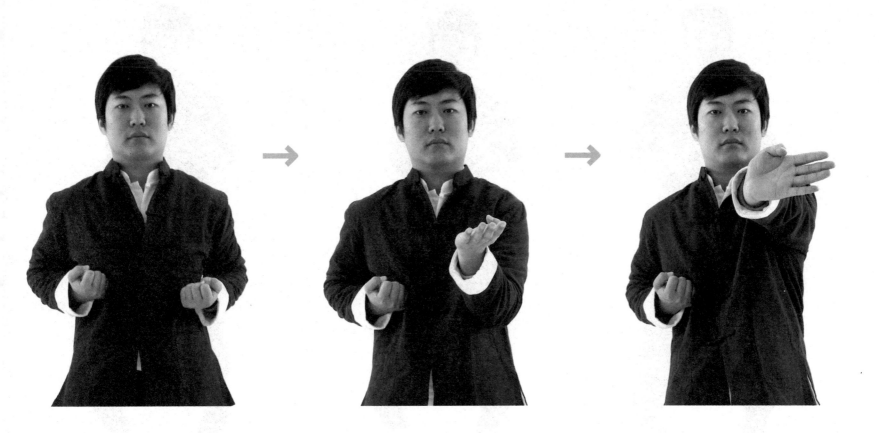

下拍掌

　　下拍掌是横掌的一种变化掌法，掌心朝下击出。实战中常用其来拦防下路攻来的拳、脚、膝盖等，同时可用另一只手直接反击。其动作步骤为：开马站立，双手握拳，放于腰部两侧；左手松拳变掌，由中线出击，掌心向上；掌至腰前，翻转手掌，掌心向下击出。

按掌

　　按掌也是横掌的一种变化掌法，手指朝下，由上往下按，多用于击打对手腹部。其动作步骤为：开马站立，双手握拳，放于腰部两侧；左手变掌，指尖向前，掌心向上；由上至下沿中线出掌，掌根外凸，指尖向下。

蝴蝶掌

　　蝴蝶掌是咏春拳中一种两掌齐发的组合掌法，由上手正拍掌、下手按掌组成。其因两手手掌掌根相对，两手张开似蝴蝶，得名蝴蝶掌。其动作步骤为：开马站立，二字钳阳马姿势预备；双手松拳变掌，掌心向上；旋转双手手腕，右掌掌心向外、指尖向上，左掌掌心向外、指尖向下，然后以手肘底部发力，运劲于掌，从胸前击出双掌，攻向身体前方。

击肋掌

● 单手击肋掌

　　击肋掌是横掌的一种延伸用法，配合转马，可加强力道，攻击对手肋骨部位。其动作步骤为：开马站立，双手握拳，放于腰部两侧；左手松拳变掌，掌心向上，指尖向前，从腰部位置出掌；手掌从中线位置向下前方击出，左手指尖向左。

● **双手击肋掌**

　　与单手击肋掌类似，配合转马，双掌同时击向对手肋骨部位。其动作步骤为：开马站立，双手握拳，放于腰部两侧；双手同时松拳变掌，从腰部击出，掌心向上，指尖向前；双掌同时击向下前方，保持双手手掌掌根相对，左手指尖指向左，右手指尖指向右。

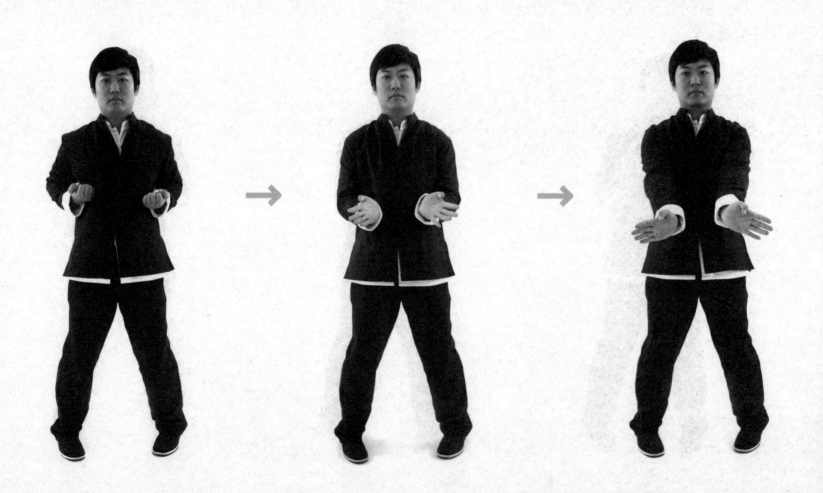

底腋藏花

● 单手底腋藏花

　　底腋藏花是咏春拳中的一种攻击掌法，从对手腋下向上"钻"上，由下向上托对手的腮攻击对手。其动作步骤为：开马站立，双手握拳，放于腰部两侧；左手前推，指尖向前，掌心向上；左掌变立掌，沿身体中线出击，指尖向上，手掌小鱼际侧向外。

● **双手底腋藏花**

　　与单手底腋藏花类似，注意双掌高度一致且同时出击。其动作步骤为：开马站立，双手握拳，放于腰部两侧；双手松拳变掌，掌心向上，向前推出；手臂伸展，保持击出双掌与肩平。

破中掌

● **单手破中掌**

　　破中掌是咏春拳中一种在攻击对手的同时防守住自身中线的掌法。需要注意的是，破中掌用来攻击对手的部位是手掌掌根。其动作步骤为：开马站立，二字钳阳马姿势预备；左手由拳变掌，掌心向上；从身体中线位置出掌，指尖向上，前击时立掌。

● 双手破中掌

与单手破中掌动作类似，双掌齐出，强攻对手的同时守防自身中线。其动作步骤为：开马站立，二字钳阳马姿势预备；双手由拳变掌，掌心向上；双手立掌向前击出，掌心相对。

基础拳法

连环日字冲拳

　　连环日字冲拳是咏春拳初学者需要学习、掌握的第一种拳法。所谓连环，就是左右手交替使出日字冲拳。其动作步骤为：开马站立，二字钳阳马姿势预备；左右手交替使出日字冲拳，注意保持下身姿势不变。

侧身拳

　　侧身拳是咏春拳中的一种长桥攻击掌法。侧身出拳攻击时，腰马发力。需要注意的是，侧身攻击与正身、近身面对对手有所区别，正身面对对手时讲究快速和巧劲，而近身面对对手时以寸劲和手肘的力量为主。其动作步骤为：开马站立，二字钳阳马姿势预备；右手击出侧身拳，身体也随之扭转方向；恢复二字钳阳马姿势，左手击出侧身拳，身体也随之扭转方向。

冲天炮拳

　　冲天炮拳是咏春拳中一种攻击对手的组合拳法，上手为勾拳，下手为下拍掌。双掌旋转设防，勾拳可从下拍掌内侧向上钻出，对对手下颌部位实施攻击。其动作步骤为：开马站立，二字钳阳马姿势预备；双臂放于胸前，交替扭转，松拳变掌，注意保持下身姿势不变；双臂继续扭转，直至上手为勾拳、下手为下拍掌，完成一次出拳组合。

基础腿法和脚法

踏膝脚

踏膝脚是咏春拳中的一种攻击脚法，使用脚心发力，主要攻击对手膝盖等下肢部位。其动作步骤为：开马站立，二字钳阳马姿势预备；双手握拳或变为其他掌法，坐马提膝；脚心发力，以膝盖为轴蹬出小腿，过程中脚尖勾起。

提膝

　　提膝是咏春拳中的一种攻击腿法，即直接使用膝盖攻击对手头部、腹部、裆部等部位。其动作步骤为：开马站立，二字钳阳马姿势预备；双手变招为护手，上提右腿膝盖，左腿支撑身体。

正蹬脚

　　正蹬脚是咏春拳中的一种攻击脚法，使用脚心发力，主要攻击对手的裆部、腹部或胸部。其动作步骤为：坐马提膝，大腿和小腿夹角为直角，保持膝盖和腰部同高；使用脚心发力，以膝盖为轴蹬出小腿。

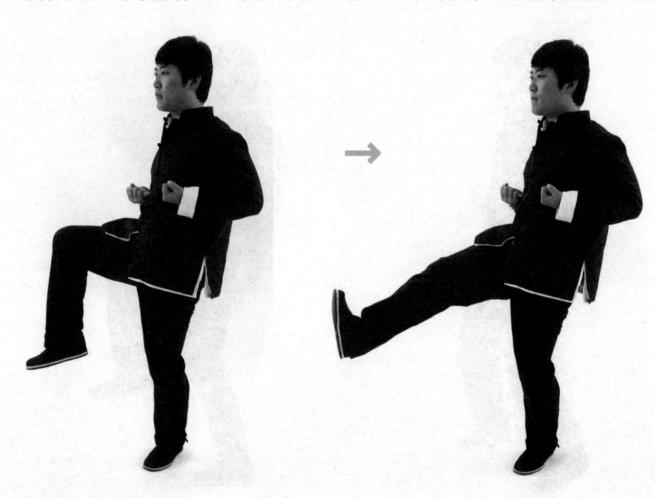

转马

转马，指原地转马，是咏春拳中的一种基本马步，可向左右两侧转换方向。 其动作步骤为：开马站立，二字钳阳马姿势预备；使用右脚脚心发力，左腿以膝盖为轴蹬直；身体重心前倾，左膝弯曲，右腿伸展；双脚发力，脚尖转向右侧，带动身体转向右侧。

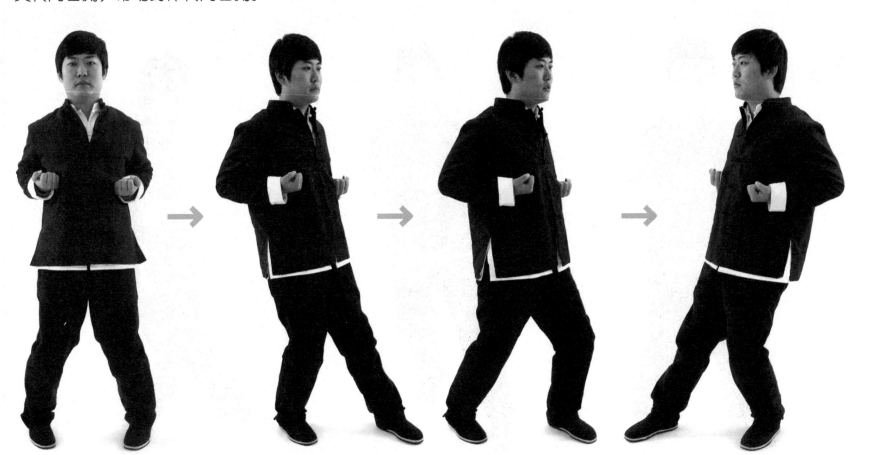

拖步转马

　　拖步转马指的是咏春拳中一种以二字钳阳马姿势预备，转马向左或右，可小移一步、脚掌拖地的马步技法。其动作步骤为：开马站立，二字钳阳马姿势预备；脚跟为轴，右脚脚掌前移一小步，不抬起，同时左膝弯曲、右腿伸直且重心后坐，向右侧转马。

坐马前进

坐马前进为前进步，是实战中一种基本的移动步法。其动作步骤为：坐马站立，左脚在前，双手为护手；保持上身不动，左脚前进一步，重心放于后脚；后腿前蹬、前脚顺势前进。

坐马后退

坐马后退为后退步，也是实战中一种基本的移动步法。其动作步骤为：坐马站立，右脚在前，双手为护手；右脚上抬，脚尖点地，左腿在后，坐马；左脚后退，右脚顺势后退。

踏步转马

● 左右踏步转马

　　左右踏步转马以二字钳阳马为起始动作，向左、向右交替转马，实现水平方向上的左右移动。其动作步骤为：开马站立，二字钳阳马姿势预备；右脚右踏，顺势向右扭转身体及左脚；恢复二字钳阳马姿势，左脚左踏；顺势向左扭转身体及右脚。

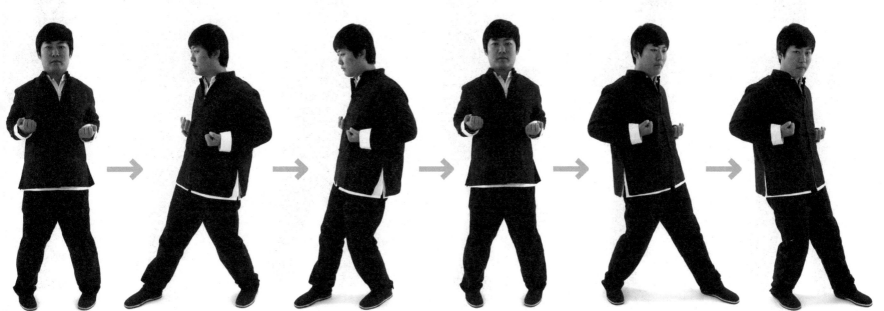

• 前后踏步转马

　　与左右踏步转马类似，前后踏步转马以二字钳阳马为起始动作，向前、向后交替移动。其动作步骤为：开马站立，二字钳阳马姿势预备；左脚前踏，重心放于左脚，松拳变掌，顺势向右转身；右脚前踏，恢复二字钳阳马姿势；右脚后踏，重心放于右脚，顺势向右转身。

第三章

咏春拳的基础散式

日字冲拳散式

　　散式是咏春拳中的一种基本训练方式，讲究手脚配合，上下齐发，打出散招。可与原地转马配合练习，加强腰马合一、坐马攻击。日字冲拳散式指的是日字冲拳配合原地转马，具体步骤为：坐马，一侧手先出拳，配合转马，左右手交替出拳。

正拍掌散式

正拍掌散式指的是正拍掌配合原地转马，具体步骤为：坐马，一侧手先出掌，配合转马，左右手交替出掌。

摊打散式

摊打散式指的是摊手出拳配合原地转马，具体步骤为：坐马，一侧手先出拳，另一侧手使用摊手，配合转马，左右手交替出拳。

耕打散式

耕打散式指的是耕手出拳配合原地转马，具体步骤为：坐马，一侧手先出拳，另一侧手使用耕手，配合转马，左右手交替出拳。

3 拦打散式

　　拦打散式指的是拦手出拳配合原地转马，具体步骤为：坐马，一侧手先出拳，另一侧手使用拦手，配合转马，左右手交替出拳。

第四章

咏春拳套路之小念头

第一段

立正　　双手破中掌　　双挂锤　　收拳

立正站立，双脚并拢，双手握拳放于腰际；双臂前伸，变招为双手破中掌；握拳收腕，使双挂锤；收拳。

第二段

开马步

二字钳阳马

双脚分开，膝部弯曲；脚跟并拢，脚尖分开，膝盖与脚尖方向一致；脚尖、膝盖内收，脚跟反方向分开，上身稳定，呈二字钳阳马姿势。

第三段

下防手（左手在上）

平升

上防手（左手在上）

收拳

双臂下压，变招为下防手，左手在上；双臂平升，变招为上防手，左手在上；收拳。

第四段

凤眼拳

蛇形手（上下摆三遍）

 右手握拳，左手使凤眼拳；变招为蛇形手，先上后下，各摆三遍，保持指尖不动。

蛇形手（先里后外摆三遍）

 保持蛇形手，先里后外，各摆三遍。

摊手　　　　　圈手　　　　　收　　　　　落

 左手摊手，掌心向上；转动手腕，圈手后收、下落为立掌。

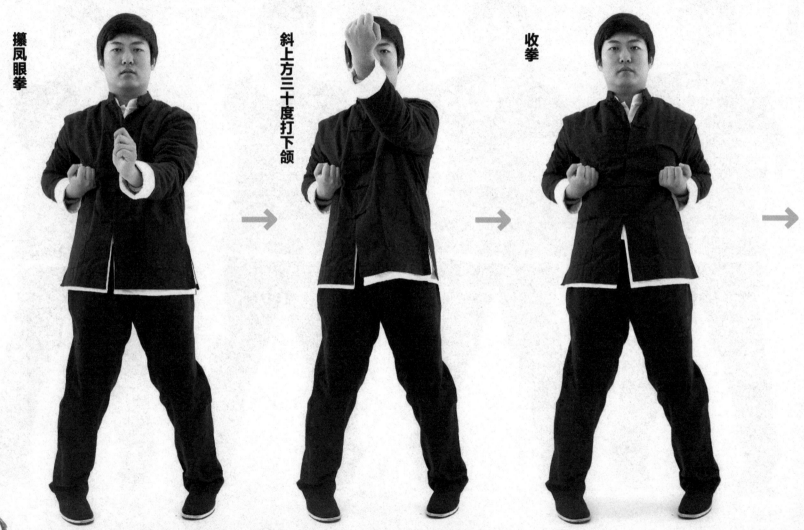

攥凤眼拳

斜上方三十度打下颌

收拳

（四）左手变招为凤眼拳；斜上方三十度出拳，攻击对手下颌；收拳。

右手凤眼拳

蛇形手（上下、先里后外各摆三遍）

摊手

圈手

收

落

攥凤眼拳

斜上方三十度打下颌

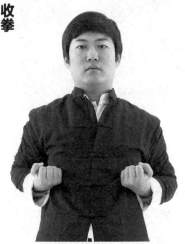

收拳

（五）换右手重复步骤一至步骤四的动作。

第五段

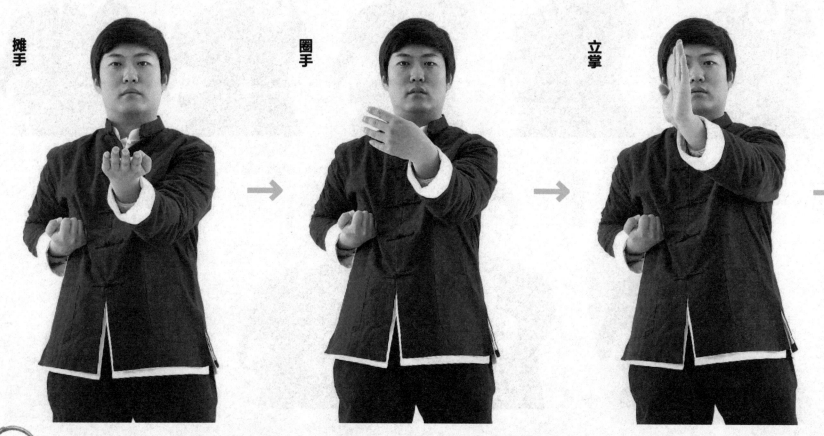

摊手　　　　　圈手　　　　　立掌

 右手握拳，左手摊手，掌心向上；左手圈手，掌心向内；左手立掌。

收　　　　　　　　落　　　　　　　　伏手

 屈臂内收，下落，变招为伏手，伏手重复三遍。

平推

圈手

立掌

（三） 保持伏手，后移手臂，向前平推，而后圈手再次变招为立掌。

收　　　　　　　　侧拍掌　　　　　　　　回手

四　屈肘，手臂内收；左手变招为侧拍掌，迅速回手。

手落回中

正拍掌

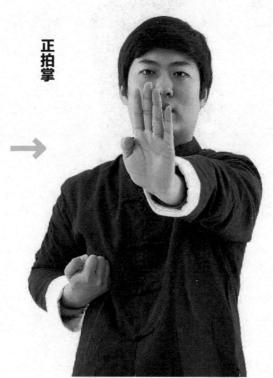

摊手

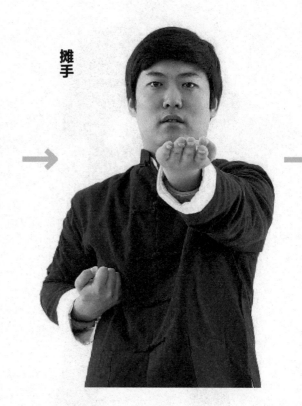

 回手时顺势前伸手臂，变招为正拍掌；而后变招为摊手，掌心向上。

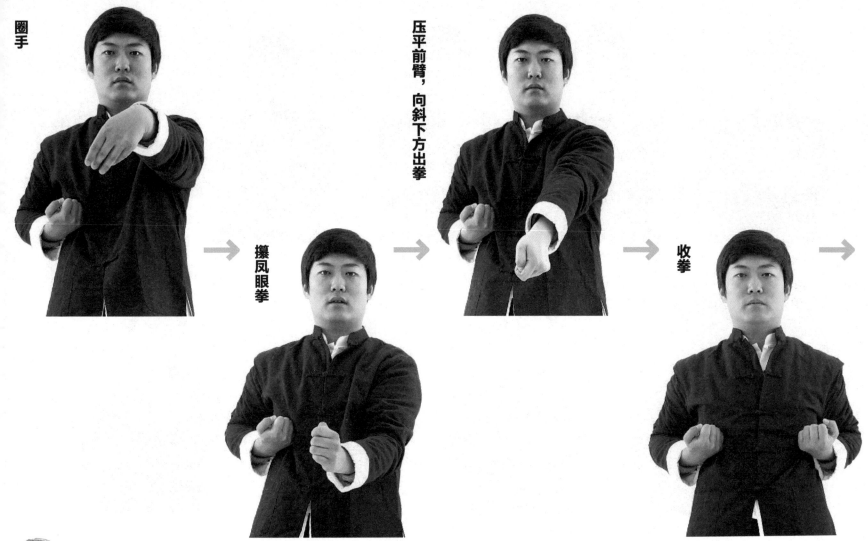

圈手

攥凤眼拳

压平前臂，向斜下方出拳

收拳

 六　左手圈手，攥凤眼拳；压平前臂，向斜下方出拳；收拳。

咏春拳套路之小念头 ▼ 第五段

摊手 → 圈手 → 立掌 → 收 → 落 →

伏手（重复三次） → 平推 → 圈手 → 立掌

七 换右手重复步骤一至步骤六的动作。

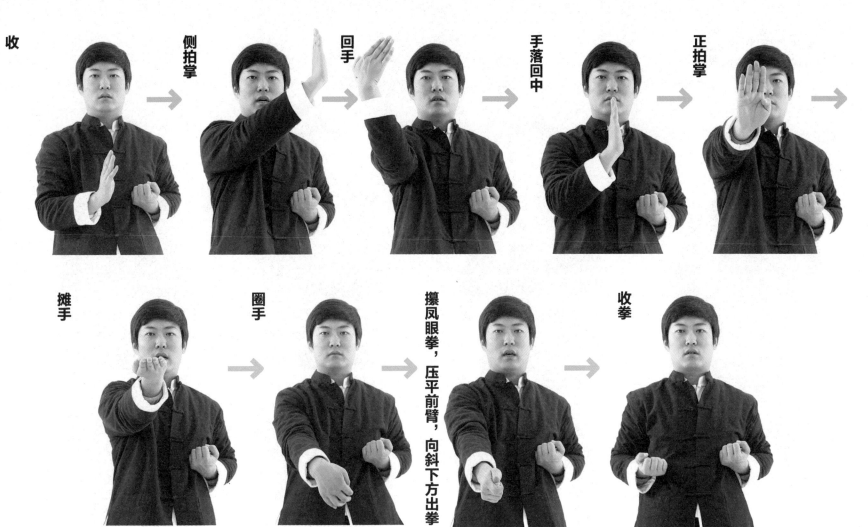

收

侧拍掌

回手

手落回中

正拍掌

摊手

圈手

攥凤眼拳，压平前臂，向斜下方出拳

收拳

第六段

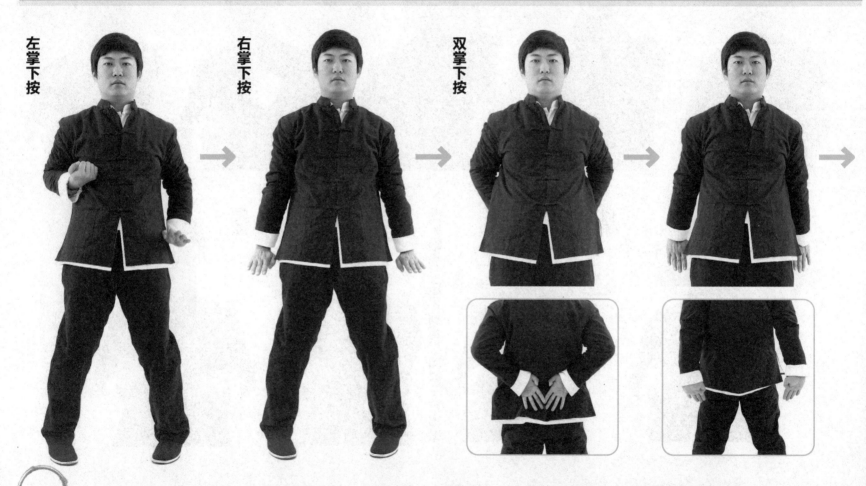

左掌下按

右掌下按

双掌下按

一　右手握拳，左掌向下按；右拳变掌并向下按；双臂后移，手背紧贴身体，而后双掌向下按。

前侧双掌下按

双臂胸前平行叠放

摆头看左侧

摆头看右侧

手臂前伸，变招为前侧双掌下按；双臂胸前平行叠放，左手在上；先摆头看左侧，再摆头看右侧。

4

咏春拳套路之小念头 ▼ 第六段

看右侧，同时双臂端平

双臂胸前平行叠放

双挂锤

收拳

（三） 双臂扫出、端平；收臂，于胸前平行叠放，右手在上，头部摆正；手臂前伸，变招为双挂锤；屈肘，收臂、收拳

080

第七段

双摊手

左右手相叠（左手在外）

双手窒手

双臂上抬，变招为双摊手；手臂不动，双手相叠，左手在外；手臂下沉，变招为双手窒手。

咏春拳套路之小念头 ▼ 第七段

双标指　　双捊手　　双顶手　　收拳

（二）手臂伸直，朝向斜上，变招为双标指；屈肘下沉，变招为双捊手，掌心向下；收手，变招为双顶手；收拳。

第八段

左手下侧拍掌

手落

圈手

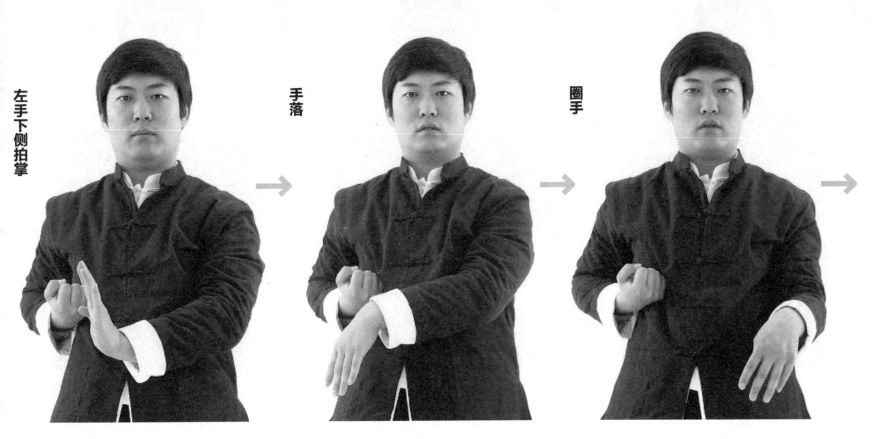

 右手握拳；左手下侧拍掌，手落，变招为圈手。

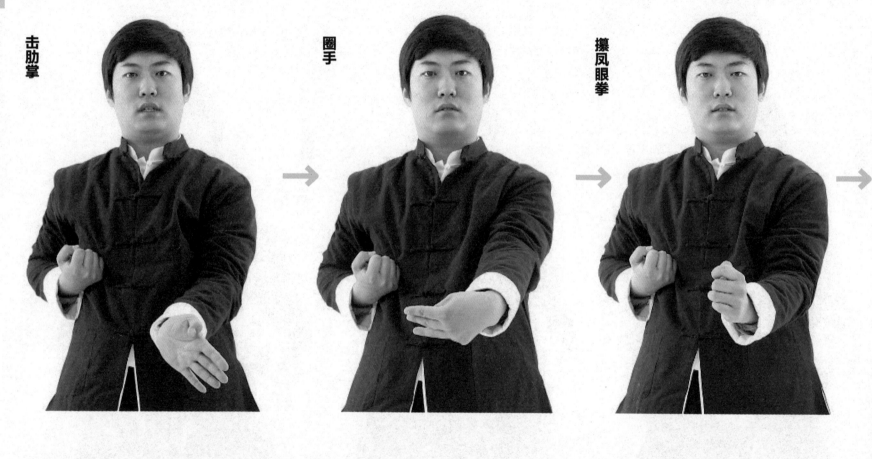

咏春拳套路之小念头 ▼ 第八段

击肋掌

圈手

攉凤眼拳

 左手变招为击肋掌；再圈手，攉凤眼拳。

压平前臂，向斜下方出拳

收拳

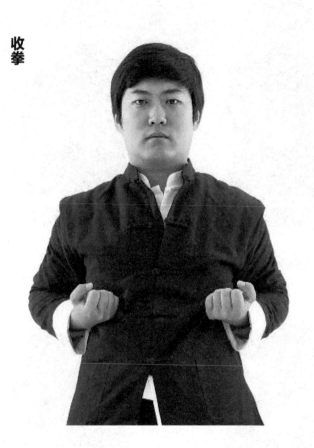

→

→

 左手保持凤眼拳，压平前臂，向斜下方出拳；收拳。

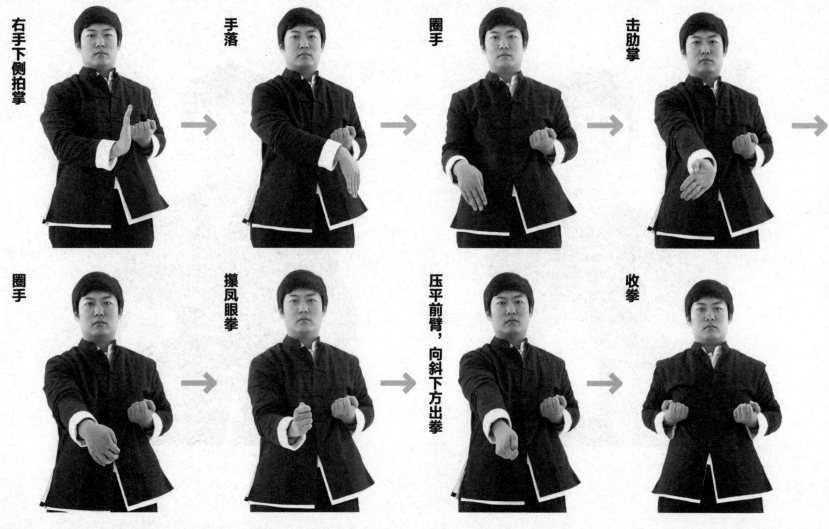

右手下侧拍掌

手落

圈手

击肋掌

圈手

攘凤眼拳

压平前臂，向斜下方出拳

收拳

（四）换右手重复步骤一至步骤三的动作。

第九段

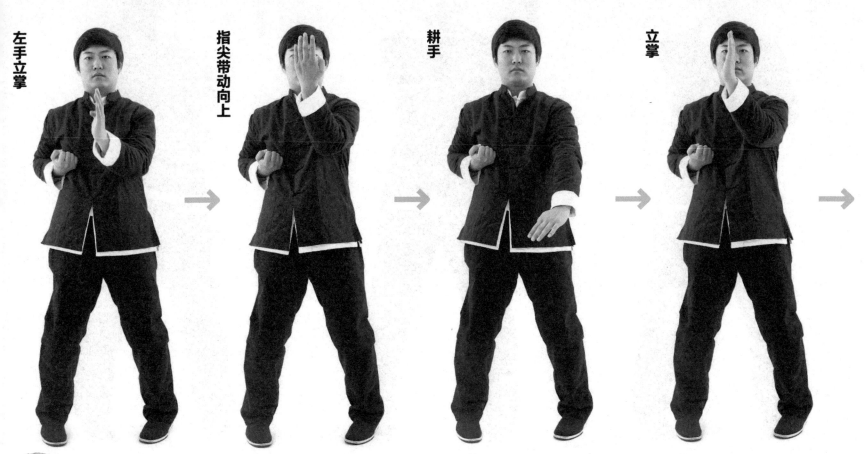

左手立掌　指尖带动向上　耕手　立掌

 右手握拳，左手立掌；指尖带动向上，变招为耕手，再恢复立掌，重复三遍。

咏春拳套路之小念头 ▼ 第九段

摊手

圈手

托腮掌

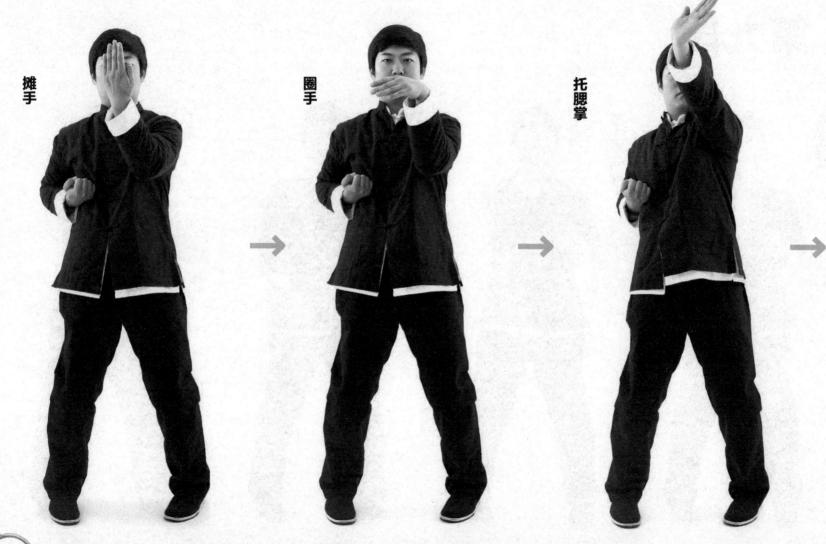

 指尖带动向上，变招为摊手，再变招为圈手；向斜上方伸直左臂，变招为托腮掌。

圈手

攥凤眼拳

压平前臂

（三） 保持手臂不动，变招为圈手；攥凤眼拳，压平前臂。

向斜下方出拳

收拳

 （四） **保持手臂不动，向斜下方出拳；收拳。**

右手立掌 → 指尖带动向上，耕手，立掌（重复三遍） 圈手 → 摊手 → 圈手 →

托腮掌 → 圈手 → 攥凤眼拳 → 压平前臂，向斜下方出拳 → 收拳

 五 换右手重复步骤一至步骤四的动作。

第十段

左手膀手

紧贴腹部向下打（掌心向上）

按掌

 右手握拳，左手膀手，贴腹往下击出，掌心向上；前伸左臂，变招为按掌。

圈手

压平前臂，攥凤眼拳，向斜下方出拳

收拳

变招为圈手；屈肘，攥凤眼拳，压平前臂，向斜下方出拳；收拳。

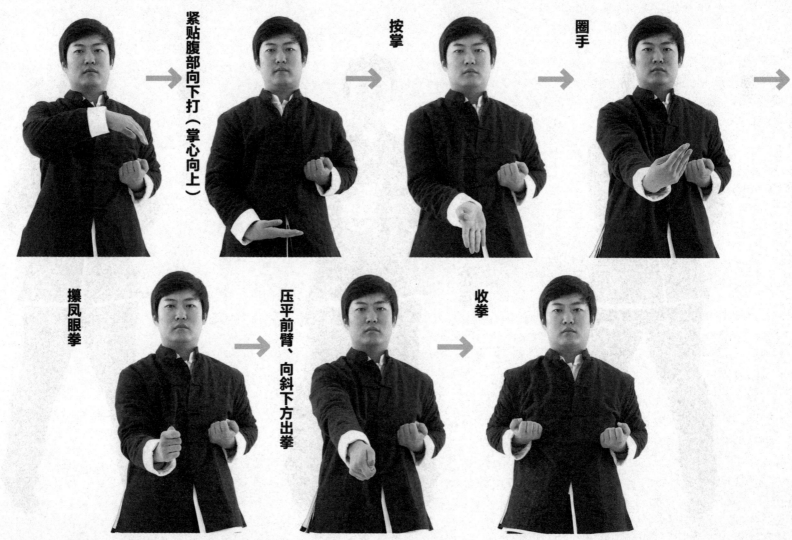

右手膀手 → 紧贴腹部向下打（掌心向上 → 按掌 → 圈手 →

攥凤眼拳 → 压平前臂、向斜下方出拳 → 收拳

（三） 换右手重复步骤一至步骤二的动作。

第十一段

下防手　　右手搭在左肘窝　　右手耕手、左手收拳

一　双臂下伸，变招为下防手，左手在上；右手搭于左肘窝，掌心向上；右手向下变招为耕手，左手同时收拳。

左手搭在右肘窝

左手耕手、右手收拳

右手搭在左肘窝

→

→

→

 左手搭于右肘窝，掌心向上；左手耕手，右手同时收拳；右手搭于左肘窝，掌心向上。

右手耕手

收拳

 右手再次变招为耕手，左手同时收拳，而后右手收拳。

第十二段

双手攥凤眼拳

左手在前、右手搭在左前臂上

左右交替出拳（三遍）

双手一上一下，攥凤眼拳；右手搭在左前臂上，左右交替出拳三遍。

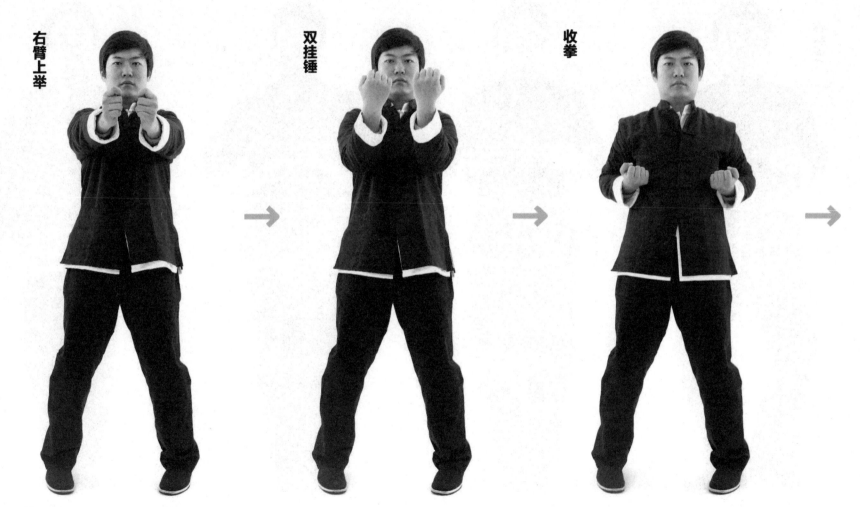

右臂上举

双挂锤

收拳

第三次出拳后，左手不收拳，右臂上举，变招为双挂锤；屈肘，收拳。

收马步

保持握拳，屈膝，脚跟并拢，直膝，收脚尖，收马步，双手变拳为掌并向下按，而后放松并自然收回体侧。